Susurros del Corazón

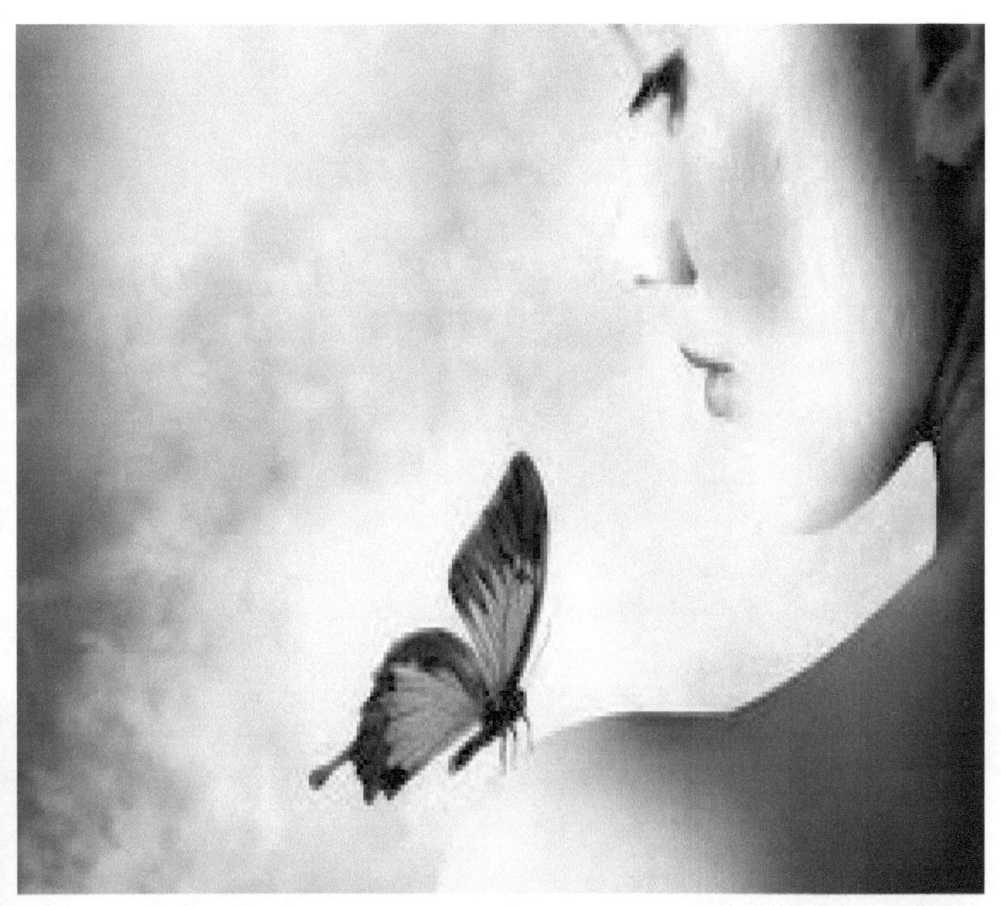

Glendalis Lugo

Poemario

Susurros del Corazón

Glendalis Lugo

Puerto Rico

Prólogo

Cuando me decidí, a escribir mi poemario, lo hice con el propósito de llegar a cada corazón de distinta forma. En la vida se viven muchas situaciones en las cuales afloran diversos sentimientos como: angustia, melancolía, el romance y la ilusión, y qué mejor manera de plasmarla: que en "versos".

Cada poema es una historia, a veces vivida; a veces: son susurros del corazón, que suplican salir de lo más recóndito de tu ser, y así, ayudar de alguna manera a los que leen en busca de alguna respuesta, y también, a otros que solo aman las letras.

Espero disfruten de estos versos y los hagan suyos con el alma y corazón.

Glendalis Lugo Cruz

...me gusta tu visita desnuda,
alumbrada con templos de pájaros,
sin nadie que la vea llorando,

me gusta esta lucha de poesía
donde nacen en reyerta las edades del agua,

y tal vez yo,
caminando contigo bajo silencio.

Marioantonio Rosa.

Poeta y escritor de Puerto Rico.

2013

"Susurros del corazón afloran lee… escucha"…

Dedicatoria

Le dedico este poemario primeramente a Dios….

a mis hijos….

a mis amigos…

a mi familia….

y sobre todo a mi amado esposo José.

De ustedes

Glendalis Lugo

Penumbra

Amarte bajo la penumbra
de luna enamorada,
es regocijo para mi alma,
su manto nos acaricia,
su resplandor nos ama.

En un lecho de flores
nos amamos sin demora,
embriagándonos con aroma de miel
que cada una de ellas emana.

Amo besarte lentamente,
escuchar tu gemido enamorado,
unir nuestros cuerpos agitados,
vistiendo la noche de nuestro deseo
inconfesable.

Culmino la pasión atrapada a tu pecho
tú... aferrado a mi anhelo,
la noche fue creada para amarnos,
y bajo la suave penumbra de la luna
te digo: "cuánto te quiero".

Ante todo tú

Mi arte... mirar tus ojos,
mi lienzo... tu cuerpo deseando el mío,
mi virtud... abrazar tu alma enamorada,
mi poesía... trazar tu nombre en las estrellas,
mi verso... cinco letras: "Te Amo",
mi amor... amarte cada día más,
mi destino... anclar en tu puerto eternamente,
mi promesa...

                            atar tu corazón al mío con la
luna de testigo,

ante todo tú, solo tú,

      mi gran amor.

No hables

No hables,

deja que llueva la mañana

y en tus brazos halle refugio,

seré transeúnte fiel en tu pecho,

adicta de tus besos en tu fuego,

No hables,

entrelaza tu piel con la mía,

el veneno que emana

liquida suave mi fiera voluntad

y soy manantial eterno en tu boca,

brisa fiel e indeleble de tu sexo,

tan tuyo, tan mío, tan nuestro,

ámame diferente en cada encuentro

te juro nunca perderé el sendero a tus besos,

No hables…tómame…

Soy

Soy… la hoja suspendida en el viento
atrapada con tu aliento,
el suspiro enamorado,
soy… una rosa sin espinas,
soy la espiga ensalzada en el prado,
soy tu todo,
soy tu anhelo,
soy el "te amo" anhelado,
soy esa diosa que amas

sin reparos.

Hoy le pedí a mi estrella

Hoy le pedí a mi estrella
que cuidara nuestro amor,
que siempre lo ilumine en su senda
y nunca termine en desamor.

Que siempre te deje saber que te amo,
que aunque la distancia nos arrope
un mismo cielo nos bendice,
y en cada amanecer despierto
susurrando tu nombre.

Hoy le pedí a mi estrella
que en tus sueños,
 te abrace, te bese y te ame,
y despiertes repleto del sentir
de este bello amor que nace.

Mariposa

Quiero ser mariposa...

y volar a tu aposento,

acariciarte,

despertarte con mi vuelo,

quiero ser mariposa...

y dibujar en tu sueño

nuestro amor eterno,

quiero ser mariposa y

decirte que te quiero,

que tu amor es lo más grande,

lo que más anhelo.

Ámame

Como aquella noche que nací en tus labios

¡Ámame!

hazme sentir que no existen fronteras entre tu piel y mi piel

y acaríciame hasta el amanecer.

Desnúdame lentamente con tus labios

y que solo queden vestigios de pasión

enredados entre sábanas de miel.

Bésame hasta el cansancio,

enciende las llamas del placer

y llévame al paraíso

que solo tú conoces bien.

Enlazados y saciados acabamos,

después de haber amado,

mirándonos juramos amor eterno,

y yo termino diciendo:

¡Ámame otra vez!

Amor a primera vista

Fue amor a primera vista,

llegó tu susurro enamorado

en noche de verano,

y calmaste un frenesí guardado,

ataviada de amor recibí tu beso

siempre lo había esperado.

Fue amor a primera vista

seguí tu huella marcada en la arena,

me impulsó el destino,

surcaste un camino prometido

esperanzada alcancé tus pasos,

glorioso momento

me resguardé en tu ocaso.

Fue amor a primera vista,

hoy despierto en tus brazos

tus ojos azules son refugio,

eras tú: mí Romeo aguardándome

en una noche de verano.

Sería Sacrilegio

Esconder un "te quiero" de mi alma

es un sacrilegio,

y si se pierde en la nada de un recuerdo

mi ser la vuelve tormento.

Miles " te quiero" rondan mi cabeza,

hacen de mi vida un revuelo

y siempre me pregunto:

¿Dónde quedaron esos "te quiero",

y esos besos que aún tienen dueño?

Imborrable eres amor sempiterno,

mi corazón aún pasea en tus adentros,

y si en la lejanía escucho tu nombre,

siempre recordaré: ¡Cuánto te quiero!

Sin dudas

Puedo dudar del azul del mar,

del verdor de las plantas revestidas de sequía,

de un cóndor sobrevolando brasas de un volcán,

pero en el azul de tus ojos destilando amor

jamás dudaría,

esa es la verdad.

Verdad desprendida en cada amanecer,

en tus caricias afloradas de placer,

en tus besos de miel,

en ese instante penetrando mi esencia

con el calor de tu piel.

Puedo dudar de un universo sin estrellas,

de la luna llorando solitaria,

de un día sin ti,

pero nunca dudaría del amor sentido

en ese instante entregada a ti.

Alma Encandilada

Mi corazón no puede verte,

pero mi alma encandilada se filtra en tu aire,

en tu aliento, en tus sueños...

en tus madrugadas,

y en lo más hondo de tu ser.

Va más allá del tiempo y la distancia

y te acaricia con melodía de amor infinita,

con versos intangibles,

y poesía que te embriaga.

Te acompaña aun tenga frio sed o delirio,

duerme a tu lado,

besa tus ojos acaramelados,

y cuando despiertas... te abraza

y tú: mi amado, ni cuenta te has dado.

Delito

Le robé un pensamiento a la luna y en él estaba tu recuerdo,

la odié en esos momentos y lloré tu olvido,

pensar que era mi amiga, le confiaba mi vida,

ahora me traiciona , ella ama tu recuerdo.

Le robé otro pensamiento,

la brisa se secaba y el mar tiritaba de frío,

la noche se arropaba de mi nostalgia

y la soledad acompañaba mi alma,sentí tanto miedo.

Le robé un último pensamiento

caminaba descalza, aturdida

ya no era mi mirada, se perdía en la niebla

y tú me esperabas,

el orgullo valió poco,

nuestros labios se encontraban

tu mirada brillaba,

me amabas con locura

no odié la luna,

la amé más, me mostraba el camino, eras mi destino,

entendí que sin ti nada tenía sentido.

Sueño de amor

Regalo de un sueño fue conocerte,

tu rostro de mi mente nunca logró apartarse,

desperté dispuesta a encontrarte.

Toqué puertas, te esperé en mis tardes

pero nunca llegaste, ¿Eras verdadero?

le preguntaba al viento,

y todos los días te buscaba en mis sueños,

quedándome sin aliento.

El sueño termina,

me niego a olvidarte

¿Habrá vida después de soñarte?

te esperaré,

sé que existes en alguna parte.

Anoche le pedí un milagro a la luna

que en mi sueño pudiera besarte,

probar tus besos,

amarte, no quiero despertar

solo vivir este sueño

y nunca dejarte.

Amante de mis sueños

te esperaré cada noche,

la luna me hará el milagro,

me despertaré una mañana

con tu cuerpo a mi lado

con ganas de amarme y te sonreiré

por siempre eterno amante.

Secreto

Quisiera mirar los astros

y no perderme en un abismo

buscando tu nombre,

contar las estrellas

sin pensar en tu sonrisa,

ver pasar un lucero fugaz

sin desear tu bienestar,

pedir lo imposible al infinito: me ahoga,

me derrota,

me vuelve gaviota

y vuelo a los astros,

desafío lo intangible

tan solo por amarte.

Ellos guardan un secreto

que vivirá milenario,

aguardarán en tu mirada cuando busques mi reflejo,

y en una noche blanca

desprendida y nostálgica

revelarán cuánto "te quiero".

Pesadilla

Sin ti un paraíso multicolor

se deshace ante mis ojos,

se vuelve oscuridad densa

que ciega mis ojos y se va la brisa,

y moribunda me hundo en las

tinieblas de tu ausencia.

Sin ti un bello amanecer es arrebatado

por lobos salvajes que atrapan mi corazón,

y cautivo perece clamando,

tu presencia y tu amor.

Sin ti esta pesadilla se vuelve realidad,

me angustia el alma temerosa,

pero valiente batallo contra la niebla insegura

y despierto con tu abrazo a mi lado,

suspiro... en mi permaneces,

tu amor sempiterno me ha salvado.

Realidad Lastimera

Detrás de aquel árbol,

el que fue nuestro amigo

cuando el amor nos daba abrigo,

te vi pasar...

Caminabas con ella de la mano,

lucías tan feliz...

Mi corazón sobrecogido de dolor

reclamó tus ausencias y lloró con cada una de ellas.

Inútil era pensarte

o amarte siquiera,

el tiempo no fue quimera,

era una realidad lastimera.

Mis ojos nublados de dolor

seguían tus pasos,

la besabas...

En cada beso gimió mi alma,

era obvio, ya no me amabas.

Le di la espalda al desamor,

recogí mis lágrimas,

y borré nuestros nombres

de aquel árbol que un día

cobijó nuestras almas.

Beso Robado

Me robaste un beso,

en imborrable tarde de abril,

revivió el amor escondido en mí,

emergieron emociones recónditas,

como ladrón te posaste en mi corazón.

Mariposas en mi estómago

calor en mi vientre,

sensaciones de amor besaron mi alma,

mi corazón latiendo a mil

nuestros labios amándose sin fin.

Hoy no son besos robados,

son promesa de un amor anhelado,

que duerme conmigo

y me acaricia infinito

producto de aquel beso robado.

Desde Hoy

Desde hoy mi amanecer es diferente

 no susurro tu nombre,

desde hoy el sol entra por mi ventana

la abrí liberando tu amor,

desde hoy nuestra canción

se la regalé a una golondrina, la cantará en otra ventana,

desde hoy quemé tu foto

y las cenizas se volvieron bruma,

 hoy: ya no te amo

serás solo un recuerdo guardado en un rincón de mi alma,

 hoy: te he perdonado

ya las heridas han cicatrizado,

hoy puedo sonreír

la esperanza me abraza,

un nuevo amor acecha mi vida

y me dará lo que un día me negaste: "amor real ".

Muerte Lenta

Aunque en mi corazón un invierno cruel lo azota

la luz de tu amor se filtra,

dejándome un mensaje eterno

indudable, me amas

y me esperas sin desvelo.

Aunque la sombra oscurece mi camino,

estás tú del otro lado diciéndome:

"estoy aquí y espero paciente amor mío"

y algo dentro de mí se desata lentamente.

Aunque nuestros besos ya tienen historia

su recuerdo me transforma,

y quiero besarte, amarte nuevamente,

es una necesidad bajo vientre que provoca.

Aunque la distancia es muy larga,

te siento en cada noche infinita

y solo espero tranquila

el momento oportuno

para decirte nuevamente:

"sin ti mi corazón muere".

El primer beso

Bajo la lluvia fue nuestro primer beso,

ese que acarició mi corazón

prometiéndome amor eterno,

me regalaste bellas sensaciones

yo sentía que vivía y lloraba de alegría.

Y caía la lluvia... me besabas,

no te importaba si se mojaban tus cabellos,

éramos tú y yo,

concentrados en aquel primer beso,

prometiéndonos amor del bueno,

perpetuando un anhelo.

La lluvia se detuvo... mas no nuestros labios,

que clamaban refugio en ellos mismos,

cobijo y resguardo a pesar del frío,

nuestra historia de amor se escribió ese día,

cuando bajo la lluvia se abrazaron nuestros labios.

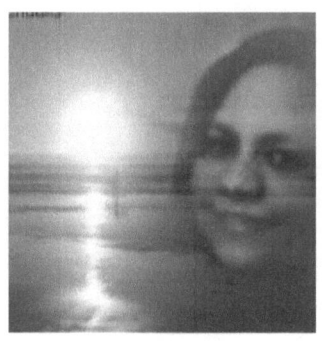

Biografía

Nací el 29 de agosto de 1973 en Maunabo, Puerto Rico.
Posteriormente mi padres se trasladaron a Patillas donde viví y cursé
estudios hasta la escuela superior. Tiempo después contraigo nupcias
y me traslado con mis hijos al pueblo de Arroyo donde hasta el
presente resido. Mi pasión por la poesía, nació desde adolescente,
amaba la lectura y mi rincón favorito era la biblioteca.

El poema inspirador fue Río Grande de Loiza de Julia de Burgos
poetisa puertorriqueña, desde el día en que la leí, amé su versar por
su profundidad y nostalgia, la cual me inspiro a crear mi poesía con
el fin de llegar al corazón de los lectores, al ellos reflejarse en mis
versos.

La poesía es el lenguaje del alma y une continentes enteros. Espero
disfruten de mis versos.

De ustedes,

Glendalis Lugo

Índice